BEI GRIN MACHT SICH IHR WISSEN BEZAHLT

- Wir veröffentlichen Ihre Hausarbeit, Bachelor- und Masterarbeit

- Ihr eigenes eBook und Buch - weltweit in allen wichtigen Shops

- Verdienen Sie an jedem Verkauf

Jetzt bei www.GRIN.com hochladen und kostenlos publizieren

Bibliografische Information der Deutschen Nationalbibliothek:

Die Deutsche Bibliothek verzeichnet diese Publikation in der Deutschen Nationalbibliografie; detaillierte bibliografische Daten sind im Internet über http://dnb.d-nb.de/ abrufbar.

Dieses Werk sowie alle darin enthaltenen einzelnen Beiträge und Abbildungen sind urheberrechtlich geschützt. Jede Verwertung, die nicht ausdrücklich vom Urheberrechtsschutz zugelassen ist, bedarf der vorherigen Zustimmung des Verlages. Das gilt insbesondere für Vervielfältigungen, Bearbeitungen, Übersetzungen, Mikroverfilmungen, Auswertungen durch Datenbanken und für die Einspeicherung und Verarbeitung in elektronische Systeme. Alle Rechte, auch die des auszugsweisen Nachdrucks, der fotomechanischen Wiedergabe (einschließlich Mikrokopie) sowie der Auswertung durch Datenbanken oder ähnliche Einrichtungen, vorbehalten.

Impressum:

Copyright © 2016 GRIN Verlag
Druck und Bindung: Books on Demand GmbH, Norderstedt Germany
ISBN: 9783668696266

Dieses Buch bei GRIN:

https://www.grin.com/document/423577

Laura Volkmann

Zusammenfassung zu Søren Kjørups Buch "Semiotik"

GRIN - Your knowledge has value

Der GRIN Verlag publiziert seit 1998 wissenschaftliche Arbeiten von Studenten, Hochschullehrern und anderen Akademikern als eBook und gedrucktes Buch. Die Verlagswebsite www.grin.com ist die ideale Plattform zur Veröffentlichung von Hausarbeiten, Abschlussarbeiten, wissenschaftlichen Aufsätzen, Dissertationen und Fachbüchern.

Besuchen Sie uns im Internet:

http://www.grin.com/

http://www.facebook.com/grincom

http://www.twitter.com/grin_com

Kjørup: Semiotik

Warum Semiotik?

Zeichenbegriffe und Erkenntnisinteressen

- Semeion: (griech.) = Zeichen → Semiotik bedeutet Zeichenlehre oder Zeichentheorie

Zwei Arten von Zeichen

- Indexikalische Zeichen: Ein Zeichen ist immer ein Zeichen von etwas → Beispiel: Fieber als Symptom für eine Infektion → Fieber zeigt die Krankheit an → nach Peirce wird diese Art von Zeichen Index genannt
- Indexikalische Zeichenauffassung: Zeichen sind in erster Linie Zeichen von etwas oder Mitteilungen über eine Sache → Zum Beispiel die Wörter der menschlichen Sprache
- Neben den indexikalischen Zeichen gibt es noch zwei Arten von kommunikativen Zeichen: Die gewöhnlichen und fast immer schon vorgefundenen, die wir benutzen, um einander etwas zu sagen (= sprachliche Zeichen) und die etwas spezielleren, die dadurch entstehen, dass wir selbst ein Zeichen schaffen, um dadurch etwas zu zeigen (=ostensive Zeichen)

Zwei Erkenntnisinteressen

- Einzelne Phänomene vor einem zeichentheoretischen Hintergrund interpretieren → Interesse, einzelne, konkrete Phänomene als Zeichen zu interpretieren, d.h. ein semiotisches Erkenntnisinteresse idiographischer Art
- Beschäftigung mit Zeichen aus einem generellen und übergeordneten Interesse → Hauptbeispiel ist hier Linguistik → ihr liegt ein nomothetisches Erkenntnisinteresse zu Grunde, ein Interesse für das Allgemeine oder Gesetzmäßige in dem Bereich
- Indexikalische Semiotik ist idiographisch, kommunikative Semiotik ist nomothetisch

Sprache, Spuren und Bilder

- Einteilung der Zeichen nach Peirce in drei Gruppen: Bilder als besondere Zeichengruppe: Ikone, Indexe und Symbole (=Zeichen mit ausschließlich konventioneller Bedeutung)

Semiotik im Profil

<u>Sprache</u>

- „Sprache" im weiteren Sinn: deckt alle Formen von Ausdrucks- oder Kommunikationsmitteln → wo es Zeichen gibt, gibt es auch Sprache
- „Sprache" im engeren Sinn: deckt nur verbalsprachlichen Kommunikationsmittel ab und solche, die wesentliche Charakteristika mit denen der Verbalsprache gemeinsam haben

Die Semiologie

- Ferdinand de Saussure: Sprachwissenschaftliche Strukturalismus → auf ihn gründet das in der Semiotik vorherrschende Verständnis von Sprache
- Saussure betrachtet die menschliche Sprache als eines von vielen Zeichensystemen → Semiotik als Bezeichnung für die allgemeine Zeichentheorie und Semiologie als strukturalistische Variante

Sprache, Sprachsystem und konkretes Sprechen

- Saussure geht davon aus, dass man Sprache nicht einfach so studieren kann
- Sprache ist vielschichtig, trotzdem finden wir in der Sprache eine begrenzte, abstrakte Einheit, das Sprachsystem, genau dieses macht den Gegenstand der Sprachwissenschaft aus → man kann diesen Gegenstand nicht beobachten, muss ihn durch eine abstrahierende Analyse des konkreten Sprechens in all seinen Erscheinungsformen und mit all seinen Unzugänglichkeiten aufspüren
- Es ist zwischen dem alltäglichen Ausdruck „Sprache" und dem wissenschaftlichen Ausdruck „Sprachsystem" (=Langue) zu unterscheiden und es ist zwischen dem abstrakten Sprachsystem und dem konkreten Sprechen (=Parole) zu unterscheiden

Ein Spiel der Unterschiede

- Sprachsystem besteht nach Saussure nur durch Unterschiede
- Jedes einzelne Element im Sprachsystem wird ausschließlich durch die Struktur seiner Unterschiede zu den anderen Elementen des Systems definiert bzw. durch die Regeln, die sein Zusammenwirken mit anderen Elementen bestimmen
- Um den Aufbau des Sprachsystem zu ergründen, müssen wir die Oberfläche der Sprache, die wir als Sprachgebrauch wahrnehmen, betrachten

Der Zeichenbegriff der Semiologie

- System besteht aus einer Menge von Elementen und einer Menge von Relationen über diesen Elementen
- Die kleinsten bedeutungstragenden Einheiten im System: Worte bzw. Morpheme

- Im allgemeinen semiotischen Sprachgebrauch ist ein Zeichen ein bedeutungstragendes Element innerhalb eines Systems, egal ob dieses Element aufgeteilt werden kann oder nicht
- Den Begriff des Zeichens für die kleinsten bedeutungstragenden Einheiten verwenden → Wörter sind die Zeichen der Verbalsprache
- Als bedeutungstragende Einheit ist das semiologische Zeichen etwas mit zwei Seiten → Saussure: signifiant (= das Bedeutende: Laut oder Schriftbild → Ausdruck) und signifié (= das Bedeutete: die Bedeutung selbst → (Bedeutungs-) Inhalt)

Alle kommunikativen Zeichen beruhen auf Konventionen

- Saussure: Dass ein gegebener Ausdruck eine bestimmte Bedeutung hat, ist rein willkürlich → Bedeutung entsteht aufgrund von Konventionen, d.h. dass es semantische Regeln (Bedeutungsregeln) gibt
- Die meisten Bedeutungen von Zeichen sind kulturell verankert und auch kulturell verschieden
- Bedeutung entsteht nur auf Grundlage menschlichen Bewusstseins und kultureller Aktivität und ein Ausdruck, der in einer Sprache etwas bestimmtes bedeutet, kann in einer anderen Sprache etwas ganz anderes bedeuten
- Saussure stellt das Arbiträre dem Motivierten (dem gut begründeten) gegenüber → Verbindung von Ausdruck und Inhalt beruht auf einer semantischen Regel → Zeichen sind willkürlich, aber sprachinterne Faktoren können die Form eines Ausdrucks motivieren (z.B. Grammatik)

Denotation und Konnotation

- Ein Zeichen hat also zwei Seiten: Ausdrucksseite und Inhaltsseite → Ausdruck oder Inhalt können aber selbst schon Zeichen sein → ein Zeichen kann durch ein anderes Zeichen ausgedrückt werden, oder es kann selbst Ausdruck für ein anderes Zeichen sein
- Ein Zeichen kann durch ein anderes Zeichen ausgedrückt werden: idiomatische Ausdrücke → Buchstaben und Inhalt bedeuten das gesamte zugrunde liegende Zeichen → „Jemanden auf die Palme bringen" → dieses Idiom darf nicht wörtlich gesehen werden, sondern bedeutet, dass man jemanden wütend macht
- Zeichen wird selbst Ausdruck für ein Zeichen (Zeichen haben andere Zeichen zum Inhalt): Alle sprachlichen Ausdrücke, die sich auf die Sprache selbst beziehen
- Denotatives Zeichen: Ein Zeichen, das kein anderes Zeichen als Ausdruck oder als Inhalt hat → Denotation: Das Verhältnis zwischen Ausdruck und Inhalt in einem Zeichen
- Konnotatives Zeichen: Ein Zeichen, das ein anderes Zeichen zum Inhalt hat → Konnotation: Das Verhältnis zwischen dem zugrundeliegenden Zeichen und dem übergeordneten Inhalt → Das oben genannte Sprichwort konnotiert also „jemanden wütend machen"

- Ein Zeichen, das etwas sprachliches zum Inhalt hat, wird metasprachliches Zeichen genannt → Sprache, die sich auf Sprache bezieht = Metasprache

Mythen, Rhetorik, Ideologie

- Denotation: Die wörtliche Bedeutung eines Ausdrucks; Konnotation: Die Assoziationen oder Wertungen, die mit dem Wort verbunden sind → das Wort „Mutter" denotiert eine Frau, die mindestens ein Kind geboren hat und konnotiert etwas wie Wärme, Sicherheit und Liebe
- Für gewöhnlich denotiert die Ausdrucksseite des Zeichens den Inhalt, aber wenn die Ausdrucksseite selbst schon ein Zeichen ist, dann konnotiert dieser Ausdruck den Inhalt
- Auf der konnotativen Ebene stoßen wir hin und wieder auf mythische oder ideologische Denkweisen: Beispiel (vgl. oben) Junger, schwarzer Soldat salutiert vor der französischen Flagge → Konnotation dieses Motivs: positive Haltung zur französischen Kolonialpolitik → diese positive Haltung wird als natürlich hingestellt und vermittelt den Mythos, dass die Unterdrückten ihre Unterdrücker lieben → Fotografie wird damit ein rhetorischer Ausdruck für einen ideologischen Inhalt in einem übergeordneten, konnotativen Zeichen

Der Zeichenbegriff bei Peirce

- Peirce Definition zu Zeichen: Ein Zeichen ist etwas, das für jemanden in irgendeiner Hinsicht oder durch irgendeine Eigenschaft für etwas steht
- Unterscheidet Zeichen im engeren und im weiteren Sinn: Im engeren Sinn → ein Zeichen ist etwas, das für etwas anderes steht (Zeichen ist ein Abbild, eine Fußspur, rote Ampel); Im weiteren Sinn → ein Zeichen ist die Bezeichnung für ein dreidimensionales Phänomen (Zeichenbildung als Ganzes oder Semiose)
- Der Deuter des Zeichens ist zentral für die Semiose
- Dreigliedriger Zeichenbegriff besteht aus den Elementen: Zeichen, Gegenstand und Interpretant
- Peirce: Das Zeichen steht für etwas → Gegensatz zum strukturalistischen Ansatz, der sagt: Die Einheit von einem Ausdruck und einem Inhalt, die Vorstellung von etwas Akustischem oder Grafischem kombiniert mit einer Bedeutung

Sprachhandlungen

- Unterscheidung zwischen bedeuten und referieren (oder hinweisen)
- Wörter bedeuten etwas und die Sprecher einer Sprache weisen mit Hilfe der Wörter auf etwas hin, referieren auf etwas → referieren heißt, eine Sprachhandlung ausführen (eine Handlung, die sich mit Hilfe von Sprache oder Zeichen vollzieht) → dazu sind nur die Benutzer der Sprach im Stande → Irgendjemand benutzt die Zeichen, um auf etwas hinzuweisen
- Unterscheidung zwischen Bedeutung und Referenz: Bedeutung tragen die Wörter mit sich, es ist ihre eine Seite, ihr Inhalt, die andere Seite ist der Laut oder die

Buchstabenkombination, als die Ausdrucksseite; Referenz ist eine Relation zwischen bestimmten Wörtern und etwas Konkretem der wirklichen Welt, eine Relation die nicht in dem Wort selbst liegt, sondern erst durch den Sprecher etabliert wird
- Beispiel: „Der jetzige König von Frankreich" → jemand, der dies 1690 sagte meinte Ludwig XVI, wenn dies heute jemand sagt könnte er entweder etwas nicht ganz verstanden haben oder ironischerweise auf den Präsidenten anspielen → Die Referenz ändert sich, aber die Bedeutung und der Ausdruck bleiben das gleiche

Die vielen illokutionären Handlungen

- Sprachhandlung muss Teil einer übergeordneten illokutionäre Sprachhandlung sein, bei welcher der Sprecher über das, auf das er hinweisen will, irgendeine Aussage macht, wie z.B. „der jetzige König von Frankreich ist klug" → die illokutionäre Sprachhandlung bei diesem Beispiel besteht darin, etwas zu beschreiben → wir können noch viele andere Sprachhandlungen ausführen: warnen, empfehlen, befehlen, taufen, verbieten, kritisieren, versprechen loben, entschuldigen, wetten, usw. → alles Sprachhandlungen, also Handlungen, die ausgeführt werden, indem man etwas sagt; das kann man schon daran sehen, dass es einen Sinn macht, eigene Äußerungen durch diese Verben in Kombination mit einem „hiermit" zu charakterisieren: „Ich warne dich hiermit vor…", „Ich empfehle dir hiermit…" usw.
- Die sprachliche Äußerung als Träger einer illokutionären Handlung muss aber keineswegs eine solche Markierung enthalten , welche die Art der Sprachhandlung anzeigt → sehr oft geht das schon aus der Situation hervor

Erfolgskriterien

- Eine illokutionäre Handlung ist erfolgreich ausgeführt, wenn derjenige, an den sich der Sprecher wendet, den Inhalt der Äu0erung und die mit ihre verbundene Absicht versteht → Versteht das Gegenüber, dass es sich um eine Warnung handelt, die sich auf bestimmte Pilze mit einem bestimmten Aussehen bezieht, dann ist die illokutionäre Handlung geglückt
- Dies bedeutet jedoch nicht automatisch, dass der Gesprächspartner die Warnung auch befolgt, also die Pilze tatsächlich nicht isst → Das Erreichen der beabsichtigten Wirkung (heißt perlokutionäre Handlung) ist demnach wieder etwas anderes → Unterschied zwischen einer illokutionären und einer perlokutionären Handlung erkennen wir z.B. an den beiden Verben warnen und abschrecken → warnen ist eine illokutionäre Handlung: in dem Augenblick, wo die Warnung verstanden worden ist, hat man jemanden gewarnt; abschrecken ist eine perlokutionäre Handlung: sie ist erst dann geglückt, wenn die Leute sich wirklich entsprechend verhalten

- Verdeutlicht die Notwendigkeit zwischen Bedeutung und Referenz zu unterscheiden

Die Figuren

- Wörter bestehen aus Inhaltsseite und Ausdrucksseite
- Ausdrucksseite besteht bei gesprochener Sprache aus Lauten und bei der geschriebenen aus Buchstaben
- Laute der Sprache sollen wohl definiert sein (es gibt zwar Unterschiede im Sprachgebrauch = Parole, aber nicht im Sprachsystem selbst) → Beispiel: stimmhaftes und stimmloses S → Das Wort „Süden" ändert dadurch aber nicht seine Bedeutung, wird der s-Laut aber durch ein m oder ein r ersetzt, erhält man eine ganz andere Wortbedeutung = Kommutationsprobe/Austauschprobe
- Solange Bedeutung erhalten bleibt, sprechen wir von demselben Laut als Einheit im Sprachsystem = Phonem → semiologische Bezeichnung = Figur

Die Ökonomie der Sprache

- Unterscheidungen werden in der Terminologie der Semiotik Artikulation genannt → Verbalsprache ist durch zwei Artikulationen gekennzeichnet: Zeichen der Sprache, die Wörter (bedeutungtragend) und Phoneme (bedeutungsunterscheidend) → ist für die Ökonomie der Sprache von großer Bedeutung zwei Arten von Artikulation zu haben
- Jede Verbalsprache verfügt im Prinzip über unendlich viele Zeichen, aber hat nur eine recht kleine Zahl von Figuren → Zwischen Buchstaben und Phonemen besteht keine völlige Entsprechung, trotzdem lassen sie sich doch einander zuordnen und dies verdeutlicht die wichtigste Tatsache, dass es zwar unendlich viele Zeichen oder Wörter in einer Sprache gibt, all diese aber durch wenige verschiedene Figuren ausdrücken lassen

Syntagmen und Paradigmen

- Ein Sprachsystem besteht aus Unterschieden → Unterschiede zwischen Elementen und Unterschiede zwischen Relationen
- Verschiedene Typen der Gleichartigkeit und Unterschiedlichkeit: syntagmatische und paradigmatische Zusammenhänge
- Beispiel für ein Syntagma: „Der Mann liest seine Zeitung" → Fünf Zeichen, angeordnet in einer bekannten grammatischen Struktur → Subjekt: Der Mann (ist aus einem Paradigma genommen: Mann/Frau), Verb: liest (ist aus dem Paradigma lesen, will lesen, liest, las, hat gelesen), Objekt: sein Zeitung (viele verschiedene Möglichkeiten, wie sein Buch o.ä.)
- Paradigma: Sind Komplexe von Elementen in virtuellen Mustern, aus denen die konkreten Elemente eines Syntagmas ausgewählt wurden → syntagmatische Zusammenhänge sind etwas anwesendes und paradigmatische etwas abwesendes

- Ein geschriebenes Wort ist ein Syntagma von Buchstaben, die aus dem Paradigma der Buchstaben gewählt wurden

Ein Analysewerkzeug

- Paradigma und Syntagma sind Analysewerkzeug
- Syntagmen sind Teil von Systemen, die Elemente aufeinanderfolgend zusammensetzen
- Eine konkrete Mahlzeit ist ein Syntagma aus einer Reihenfolge gewählter Speisen
  → Jedes Gericht wurde aus einem Paradigma für jeweils Vorspeisen, Hauptspeisen und Nachtischen ausgewählt (Auch bei Kleidung gut übertragbar)

Selektion und Kombination, Metapher und Metonymie

- Paradigmen schließen alle Möglichkeiten ein, die die wir denken, wenn wir uns zu den sprachlichen Elementen eines gegebenen Syntagmas verhalten
- Andere Begriffe: Selektion für das Paradigmatische und Kombination für das Syntagmatische → unsere gesamte Sprachkompetenz beruht auf den beiden Grundfunktionen: Selektion und Kombination
- Metapher: beruht auf einer Gleichsetzungsbeziehung, die zwischen den Einheiten auf der Selektionsachse der Sprache, in den Paradigmen, besteht
- Metonymie: beruht auf einer Nahebeziehung, die zwischen den Elementen auf der Kombinationsachse, d.h. in den Syntagmen, besteht
- Mit Hilfe der Begriffe Paradigma, Syntagma, Selektion und Kombination, Gleichartigkeit und Nähe lassen sich die Verbalsprache und ihr Gebrauch analysieren und der Kontrast aufzeigen, der zwischen überwiegend metaphorischen Phänomenen und metonymischen Phänomenen besteht

<u>Sprachliche Systeme</u>

- Linguistik als Unterabteilung von Semiologie

Grundzüge der Verbalsprachen

- Wichtige Eigenschaften von Verbalsprachen:
  - Wohldefinierte kleinste Einheiten, auf zwei Ebenen der Artikulation: Zeichen (Wörter) und Figuren (Phoneme oder Buchstaben)
  - Unendlich viele Zeichen (können immer neue erzeugen), aber nur begrenzte Anzahl Figuren
  - Denotative und Konnotative Zeichen und die Zeichen können metasprachlich verwendet werden
  - Paradigmen und Syntagmen
  - Illokutionäre Handlung können mit ihnen ausgeführt werden, z.B. wahre und falsche Beschreibungen machen

Kleine Systeme

- Der weiße Blindenstock als ein einfaches System → System besteht nur aus einem einzigen Zeichen, dessen Ausdruck der Stock ist und dessen Inhalt als „Ich bin blind" wiedergegeben werden kann
- Das kleine Stocksystem ist rein denotativ, an kann illokutionäre Handlungen ausführen → die Mitteilung, man sei blind und man kann lügen
- Dieses Beispiel ist dadurch gekennzeichnet, dass man mit ihm nur eine einzige Sprachhandlung ausführen kann, die einer einfachen Auskunft

Eineindeutigkeit

- Systeme sind keine Kontinuen an Möglichkeiten → es gibt Grenzen
- Eindeutigkeit ergibt sich aus der Anzahl von Eigenschaften, die das System bei den Themen benennen kann → das ist Unterschied von einfachen Systemen von der Verbalsprache (Der Stock sagt nichts über das Alter des Blinden)
- Die Zeichen solcher Systeme sind wohldefiniert, die Elemente der Themenbereiche sind wohldefiniert und ein bestimmtes Zeichen kann nur mit einem bestimmten Thema korrekt verbunden werden, und ein bestimmtes Thema kann nur durch ein bestimmtes Zeichen korrekt bezeichnet werden → Das ist System ist als eineindeutig, d.h. die Eindeutigkeit gilt in beiden Richtungen, von der Sache zum Zeichen und vom Zeichen zu der Sache

Notationssysteme und Verbalsprache

- Notationssystem ist eine Liste von wohldefinierten Zeichen, von denen jedes eineindeutig hinweist auf eine entsprechende Anzahl wohldefinierter Dinge oder Situationen
- Das System erreicht seine Klarheit dadurch, dass es begrenzt, welche Eigenschaften eines Tones es notiert
- Verbalsprache hat nicht die Eineindeutigkeit der Notationssysteme. Auch wenn der verbalsprachliche Ausdruck wohldefiniert ist, so dass wir immer entscheiden können, ob ein Laut oder eine graphische Konfiguration zu einer bestimmten Sprache gehört oder nicht und um welches Phonem, welchen Buchstaben, welches Wort es sich dabei handelt, ist ein Themenbereich der Verbalsprache doch nicht in wohldefinierte Einheiten aufgeteilt, von denen jede nur einem einzigen Wort der Sprache entsprechen würde
- Die Verbalsprache hat nur auf der Ausdrucksseite, nicht aber auf der Inhaltsseite, die Präzision, die Notationssysteme kennzeichnet → dafür verfügt sie über einen ungeheuren Reichtum, wenn es darum geht, die Welt auf verschiedenen Ebenen genau und nuanciert zu beschreiben

Ist die Schriftsprache Sprache?

- Saussure: Sprache und Schrift sind zwei verschiedene Systeme von Zeichen, Schrift existiert nur, um Sprache darzustellen

Verschiedene Arten von Schrift

- Buchstabenschrift bedient sich der doppelten Artikulation und des damit verbundenen ökonomischen Prinzips der Verbalsprache: Während die Sprache über unendlich viele Wörter verfügt, hat sie nur eine sehr begrenzte Anzahl von Phonemen, denen die Buchstaben weitgehend entsprechen → Vorteil: Man kann Wörter lesen, die man nie zuvor gesehen hat, denn man kann die Aussprache erlesen und man kann Wörter schreiben, die man nicht kennt, denn man kann aufschreiben, wie sie sich anhören
- Ideographische Systeme (ist eine Schrift, bei der die Schriftzeichen keine abstrakten Zeichen, sondern stilisierte Bilder sind, die aber nicht für den abgebildeten Gegenstand, sondern für eine damit verbundene Idee/Vorstellung stehen, z.B. Chinesisch): Problem hieran: müssen unendlich viele Schriftzeichen enthalten → für jedes einzelne Wort muss das zugehörige Schriftzeichen schreiben und lesen gelernt werden; Vorteil: man benötigt keine gemeinsame korrekte Verbalsprache, um sich miteinander zu verständigen
- Auch in unserer Schrift ideographische Elemente: „&" (Ausdrucksseite) „und" (Inhaltsseite) oder die Zeichen der Zahlen „1,2,3"

Spuren und Dinge

- Deutung von Dingen und Phänomenen, die uns umgeben → geschieht nicht immer bewusst (z.B. plötzliches Erlöschen der Lampe → Vermutung, dass Birne durchgebrannt ist)

Die indexikalischen Zeichen

- In der Antike war ein Zeichen etwas, das zur Natur gehörte und das die Menschen lesen mussten, um die Natur kennenzulernen → Zeichen waren natürliche Zeichen von etwas, Spuren von Ereignissen, Warnungen vor der Zukunft
- Indexe sagen uns etwas über die Welt, aber nicht, weil uns irgendjemand über die Welt erzählen will; wir müssen vielmehr selbst danach Ausschau halten und sie deuten, wenn wir irgendetwas wissen wollen → nichts ist per se ein indexikalisches Zeichen, aber alles kann zu einem indexikalischen Zeichen werden, nämlich dann, wenn es von irgendjemand als Zeichen aufgefasst und gedeutet wird

Fußspuren und Wetterhähne

- Standardbeispiele der Semiotik für indexikalische Zeichen sind immer so etwas wie Fußspuren im Schnee als Zeichen dafür, dass hier jemand entlang gegangen ist, oder die Stellung des Wetterhahns, die anzeigt woher der Wind weht → beides indexikalische Zeichen in dem Sinne, dass sie auf eine gehende Person oder den Wind hinweisen
- Der Fußabdruck selbst ist noch kein Zeichen → wird erst zum Zeichen, wenn sich jemand dafür interessiert und Fragen stellt (Schuhgröße, leicht oder schwer,…) → Indem der Fußabdruck solche Fragen beantworten kann, wird er zum indexikalischen Zeichen
- Auch Stellung des Wetterhahns ist nicht ein Zeichen an sich → wird erst zum Zeichen, wenn wir uns dafür interessieren und entsprechende Fragen stellen

Spontane Zeichen und zeichenerzeugende Instrumente

- Unterschied zwischen Fußspur und Wetterhahn: Wetterhahn wurde bewusst als eine Art Zeichenerzeuger installiert → ist Instrument, das der Mensch erfunden hat, um der Wirklichkeit lesbare Zeichen zu entlocken → Was am Messinstrument abgelesen wird erfordert manchmal eine weitere Deutung und als Konsequenz dieser Deutung eine Handlung → leuchtet das rote Lämpchen der Benzinuhr → indexikalisches Zeichen dafür, dass nur noch wenig Benzin im Tank ist → ist gleichzeitig Warnung, dass das Auto bald stehenbleibt, wenn kein Benzin nachgefüllt wird

Zeichen und Logik

- Ziel der indexikalischen Semiotik: In der Wirklichkeit Spuren und Züge zu finden, die uns etwas über Sachverhalte erzählen, die uns interessieren, oder Situationen zu schaffen, welche die Wirklichkeit dazu bringen, für uns solche Zeichen zu produzieren
- Indexikalische Semiotik hat etwas mit der Kombination von Beobachtungen und Überlegungen zu tun → man macht Beobachtungen, stellt dazu Fragen und findet vernünftige Antworten
- Peirce: Seine Semiotik ist untrennbar mit seiner Logik und Wissenschaftstheorie verbunden und mit seinen Überlegungen zu der Art des Schließens (=Abduktion)
- Deduktion: Eine Regel auf einen Einzelfall anwenden, um ein Ergebnis zu erzielen (Beispiel: Regel: Alle Bohnen aus dem Sack sind weiß; Einzelfall: Unsere Bohnen stammen aus dem Sack; Ergebnis: Unsere Bohnen sind weiß)
- Induktion: Der Schluss vom Einzelfall und Resultat auf die Regel (Beispiel: Einzelfall: Unsere Bohnen stammen aus dem Sack; Ergebnis: Unsere Bohnen sind weiß; Regel: Alle Bohnen aus dem Sack sind weiß)

- Abduktion: Von Regel und Ergebnis auf den Einzelfall schließen (Beispiel: Ergebnis: Unsere Bohnen sind weiß; Regel: Alle Bohnen aus dem Sack sind weiß; Einzelfall: Unsere Bohnen stammen aus dem Sack)
- Abduktion ist die Form des Schließens, die wir anwenden, wenn , wenn wir indexikalische Zeichen deuten

Exemplifizierung

- Exemplifizierung (Durch Beispiele erläutern, veranschaulichen): Alles was man mit Recht über ein Ding sagen kann, kann durch dieses Dinge exemplifiziert werden
- Dinge exemplifizieren gewissermaßen, was die Wörter bedeuten (von der Sache zum Wort)

Verborgene Eigenschaften und künstlerischer Ausdruck

- Auch verborgene Eigenschaften können exemplifiziert werden → Beispiel: Champagner wird als festlich bezeichnet, kann ein fröhliches Fest exemplifizieren

Ausstellungen

- Ausstellungen in Museen erzählen uns etwas → Die ausgestellten Gegenstände sind Zeichen → Exemplifikationen

Die Sprache der Dinge

- Dinge sprechen nicht, sondern Menschen lassen sie als Spuren von Ereignissen und Zuständen sprechen oder Menschen kommunizieren miteinander, indem sie sich Dinge zeigen
- Dinge können als Indexe erforscht werden → Dinge können nicht sprechen, aber wir können ihnen Mitteilungen entnehmen oder mit ihrer Hilfe sprechen

<u>Bilder</u>

Ähnlichkeit ist keine ausreichende Bedingung für Abbildung

- Inhalt der Ähnlichkeitstheorie: Ein Bild stell X nur dann dar, wenn die visuelle Konfiguration auf der Bildebene (=das Bild) X ähnlich ist → Ähnlichkeit ist Bedingung für Abbildung
- Aber Dinge können sich ähnlich sein und trotzdem nicht das abbilden, wessen sie ähneln

Ähnlichkeit als notwenige Bedingung

- Ähnlichkeit zwischen Bild und Sache kann keine ausreichende Bedingung dafür sein, dass das Bild die Sache darstellt
- Warum stellt das visuelle Muster einer Bildfläche etwas dar (wenn Ähnlichkeitstheorie nicht haltbar ist)?

- Ähnlichkeit ist eine notwenige Voraussetzung/Bedingung für Abbildung → Gibt es keine Ähnlichkeit, dann haben wir es nicht mit einem Bild zu tun → es kann kein Bild von etwas sein, wenn keine Ähnlichkeit besteht
- Man muss zwischen Referenz und Bedeutung unterscheiden: Referenz wird vom Hersteller des Bildes bestimmt, die Bedeutung liegt in dem Bild selbst
- Zwei Bedeutungen von „darstellen" → wenn ich auf einem Bild einen Mann darstellen will, kann ich entweder sagen, dass mein Bild einen ganz bestimmten Mann darstellt oder einfach nur irgendeinen Mann
- Unterscheidung zwischen Referenz und Bedeutung ist eine notwendige Voraussetzung dafür, dass wir wahre und falsche Beschreibungen haben können und dafür, dass wir richtige oder verkehrte Bilder haben können
- Bildkonventionen: Wenn wir von irgendwas ein Bild anfertigen, greifen wir dabei auf Konventionen zurück, die historisch, kulturell und stilistisch bestimmt sind
- Bild ist ein visuelles Zeichen → wollen wir ein Bild von einem Pferd malen, stellt sich zunächst die Frage, wie ein Pferd aussieht
- Kopierbarkeit: Auch Bildersprache ist (wie Verbalsprache) eine konventionelle Sprache → dennoch unterscheidet sich Bildsprache radikal von Verbalsprache → Kopierbarkeit eines Bildes ist schier unmöglich, da eine gemalte Nase nicht komplett identisch mit einer andere gemalten Nase sein wird. Schreiben wir hingegen einen Text ab, kann von diesem Original eine Kopie erstellt werden → Bilder lassen sich nicht auf gleiche Weise vervielfachen wie Texte, sie lassen sich nicht abschreiben (Eine Kopie ist nicht dasselbe!)

In Bildern sind alle Nuancen von Bedeutung

- Bilder bestehen nicht aus wohldefinierten kleinsten Einheiten, sie haben überhaupt keine wiederholbaren Teileelemente → Bei Bildern kann man nicht unterscheiden zwischen bedeutungstragenden und nicht-bedeutungstragenden Elementen der Bildfläche → Alles bei einem Bild muss als bedeutungstragend angesehen werden → damit ist jedes Bild als ein einmaliges und unteilbares Zeichen aufzufassen, das sich von allen anderen unterscheidet
- Wort Kaffeekanne bedeutet nur Kaffeekanne; Das Bild einer Kaffeekanne hingegen erzählt dem Betrachter mehr (Umgebung, Einzelheiten, Nuancen,...)
- Unterschied zwischen Verbalsprache und Bildsprache
- Grenzen der menschlichen Wahrnehmungs- und Verstehensfähigkeit bilden zugleich auch die Grenze dafür, wieweit man das unendliche Spektrum von bildsprachlichen Ausdrücken ausschöpfen kann
- Bildsprache darf nicht zu viele Konventionen enthalten
- Es ist wichtig, dass wir die Fähigkeit besitzen, Menschen und Dinge und Häuser usw. in dem flimmernden Input, den uns unsere Umgebung liefert, sehen zu können → Die meisten Bildsprachen bedienen sich eben dieser Fähigkeit

Schemata

- Grundgedanke: Dass wir für alle Arten von Dingen, die zu erkennen wir im Stande sind, ein eigenes Schema haben → wir erkennen das Ding, weil es zufriedenstellend und in ausreichendem Maße unserem Schema entspricht → ein Schema in diesem Sinn ist eine Art Muster oder Modell, dem wir die Gegenstände der Wirklichkeit einfügen wollen
- Aus diesem Grund bedarf es auf einem Bild gar nicht vieler Anhaltspunkte um ein „Etwas" auf einer grünen Weide als Kuh zu identifizieren → Unser Schema füllt das aus, was wir nicht sehen können oder nicht bemerkt haben
- Wenn wir gewohnt sind, eine Sache auf Bildern in bestimmter Weise dargestellt zu sehen, dann erwarten wir auch, dass sie in der Wirklichkeit auch in entsprechender Weise erkennbar ist (Vgl. Nazipropaganda)
- Viele Gegenstände, Orte und Personen kennen wir nur von Bildern → sehen wir das erste Mal einen wirklichen Elefanten, müssen wir versuchen ihn mit den perzeptuellen (erfassen, ergreifen, wahrnehmen) Erwartungen, die durch das bekannte Bilderschema geschaffen wurden, in Übereinstimmung zu bringen → Zusammenwirken von Perzeptions- und Bilderschemata

Verankerung und Auswechselung

- Zeichen müssen sprachlich verankert werden: Jeder Gegenstand hat unendlich viele Eigenschaften und welche Eigenschaft ein bestimmter Gegenstand in einer gegebenen Situation exemplifizieren soll, muss oft mit Hilfe der Verbalsprache geklärt werden
- Ein Bild ist polysemantisch, voll von Bedeutungsinhalten → es bedarf einer metasprachlich präzisierenden Äußerung, welche die Frage beantwortet „Was ist das?"
- Verbalsprachliche Verankerung verdeutlichen Bilder → Ein Bild auf dem von einem Baum gefallenes Obst gezeigt wird könnte vermitteln, dass es sich dabei um faules Obst handelt, durch ein Bildunterschrift „natürlich" wird deutlich, dass das Bild verdeutlichen soll dass das Obst ganz natürlich gereift ist → Sprachhandlung wird dadurch präzisiert
- Auswechslung: Wörter und Bild stehen zueinander in komplementärer Beziehung: Das Sprachliche ergänzt das Bildliche und umgekehrt → Beispiel: Comics

Piktogramme

- Kennzeichnung von Herren- oder Damentoiletten, Verkehrsschilder,...
- Piktogramme sind keine Bilder!
- Liest man das Piktogramm auf der Tür einer Herrentoilette als Bild, muss man feststellen, dass es einen Mann darstellt → Das Zeichen bedeutet aber nicht Mann sondern Herrentoilette (Ansonsten müssten Frauen auch auf die Herrentoilette, da die meisten von ihnen eher Hosen als Röcke tragen)

- Piktogramme sind konventionelle Zeichen (Symbole) mit Eineindeutigkeit zwischen Zeichen und Bezeichnetem
- Piktogramme sind eine Art konventionelle Zeichen, die in ihrem Ausdruck Bilder verwenden, um das Verständnis ihrer Bedeutung zu erleichtern (auch für Menschen, die eine andere Muttersprache haben) → werden meistens gebraucht um Auskünfte, Anweisungen oder Verbote zu erteilen

Piktogrammatische Systeme

- Viele Piktogramme gehören zu geschlossenen Systemen, z.b. Verkehrsschilder
- Piktogramme sind relativ offen → Menschen schaffen immer wieder neue Piktogramme

Ikonographie

- Bedeutung von Bildern auf drei Ebenen: vor-ikonographische: visuelle Konfigurationen von Bildern, die Menschen, Tiere,...abbilden können; ikonographische: wir müssen die konventionellen Zeichen kennen um sie zu verstehen; ikonologische: Frage, welche ideologische Haltung das Bild ausdrückt, inwieweit das Bild historische oder gesellschaftliche Verhältnisse abbildet → hierzu brauchen wir auch Hintergrundwissen

Die Fotografie

- Fotografie ist sowohl indexikalisches als auch kommunikatives Zeichen → Doppelcharakter
- Fotoapparat ist demnach ein zeichengenerierendes Instrument (wie Wetterhahn)
- Deutung einer Fotografie geschieht durch ein ikonisches Zeichen, ein Bild
- Fotografie ist ein ikonisches Zeichen, das indexikalisch hergestellt wird

Ikonische Kommunikation oder fotografischer Index

- Als ikonisches Zeichen ist die Fotografie kommunikativ, ein Zeichen, mit dessen Hilfe wir uns über etwas austauschen; als indexikalisches Zeichen ist es ein Symptom von etwas → deshalb ist das Lesen einer Fotografie als ikonisches Zeichen etwas ganz anderes, als wenn ich sie als indexikalisches Zeichen lese
- Fotografie ikonisch lesen → fragen, wem oder was sie ähnlich sieht = gängige Art wie wir Fotografie lesen
- Fotografie indexikalisch lesen → selten → überlegen, wie es dazu gekommen ist, wie es dazu gekommen ist, dass das kleine Stückchen Papier, das man in der Hand hält, nun so aussieht, wie es eben aussieht → Kette von Ursache-Wirkung zurück verfolgen → auch hier Fragen stellen (z.B. welche Dicke hat das Päckchen gestohlener Geldscheine, die vor der Linse lagen, als Foto geschossen wurde) → hier gibt es niemanden, der uns etwas mitteilen will, es gibt keine kommunikative Absicht → es gibt nur Spuren und Symptome einer Wirklichkeit, Zeichen, deren Deutung Fachwissen erfordert

BEI GRIN MACHT SICH IHR WISSEN BEZAHLT

- Wir veröffentlichen Ihre Hausarbeit, Bachelor- und Masterarbeit

- Ihr eigenes eBook und Buch - weltweit in allen wichtigen Shops

- Verdienen Sie an jedem Verkauf

Jetzt bei www.GRIN.com hochladen und kostenlos publizieren